BEI GRIN MACHT SICH IHR WISSEN BEZAHLT

Marketing und Data Science. Analyse und Lösung von betrieblichen Problemen mit dem CRISP-DM-Vorgehensmodell

Jürgen Gangoly

Bibliografische Information der Deutschen Nationalbibliothek:

Die Deutsche Nationalbibliothek verzeichnet diese Publikation in der Deutschen Nationalbibliografie; detaillierte bibliografische Daten sind im Internet über http://dnb.d-nb.de abrufbar.

ISBN: 9783346585974
Dieses Buch ist auch als E-Book erhältlich.

Das Buch bei GRIN: https://www.grin.com/document/1162879

PROJEKTARBEIT

DATA SCIENCE

Jürgen H. Gangoly

INHALTSVERZEICHNIS

ABKÜRZUNGSVERZEICHNIS

bzw... *beziehungsweise*
CRISP-DM .... *Cross Industry Standard Process for Data Mining*
DBA .... *Doctor of Business Administration*
dbzgl... *diesbezüglich*
DM .... *Data Mining*
DSGVO .... *Datenschutzgrundverordnung*
inkl. .... *inklusive*
IT ....*Informationstechnologie*
KPIs .... *Key Performance Indicators*
KVP...*Kontinuierlicher Verbesserungs-Prozess*
KW .... *Kalenderwoche*
MA ....*MitarbeiterInnen*
PCs .... *Personal Computers*
SPSS.. Statistical Package for the Social Sciences
u. dgl. .... *und dergleichen*
vgl. ....*vergleiche*
z. B. .... *zum Beispiel*

ABBILDUNGS- UND TABELLENVERZEICHNIS

1 Einleitung

Im Rahmen dieser Projektarbeit (Projektarbeit Modul 4, Marketing & Data Science) soll basierend auf der aktuellen Geschäftssituation eines fiktiven IT-Dienstleisters im Großraum Wien, ein praxisnahes Konzept für die Analyse und Lösung von betrieblichen Problemstellungen auf Basis des CRISP-DM Vorgehensmodells erstellt werden. Die Aufgabenstellung im Rahmen des DBA-Studium soll ermöglichen, die Themen der Lehrveranstaltung zu reflektieren und selbständig anhand eine fiktiven Praxisbeispiels anzuwenden.

1.1 Aufbau der Arbeit

Die Aufgabe und diese Projektarbeit wird in den folgenden Kapiteln, basierend auf dem CRISP-DM Vorgehensmodell strukturiert und teilt sich daher in folgende sechs Hauptbereiche auf:

1) Geschäftsbezugsanalyse
2) Datenexploration
3) Datenvorbearbeitung
4) Modellierung
5) Evaluierung
6) Bereitstellung

In folgender Abbildung 1 findet sich eine der ersten öffentlichen Darstellungen des CRISP-DM-Prozessmodells (Wirth und Hipp 2000), das mit Unterstützung der Europäischen Union und unter Mitwirkung mehrerer Großunternehmen (z. B. DaimlerChrysler, NCR, Teradata) zwischen 1996 und 1999 entwickelt wurde (Luber und Litzel 2019). Die Strukturierung des Prozesses ist in diesem Fall in Säulen inkl. der englischen Fachbegriffe dargestellt, die teilweise auch in dieser Projektarbeit zur Anwendung kommen.

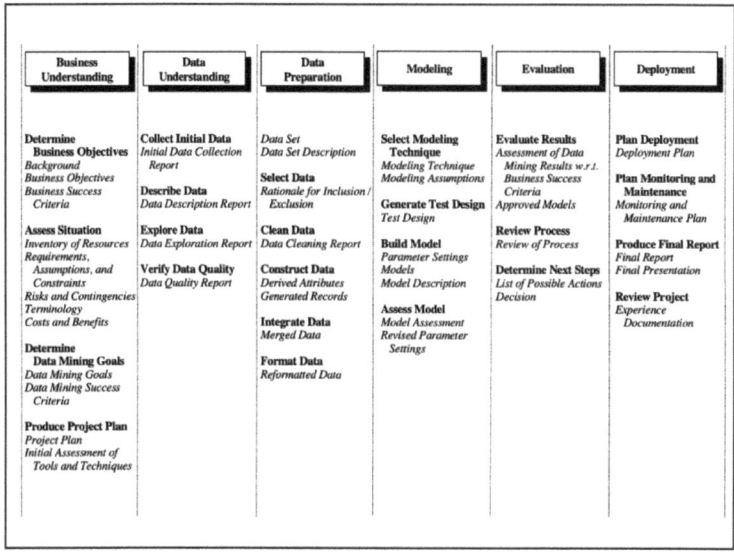

Abbildung 1: CRISP-DM Tasks and Outputs, Quelle / Grafik: (Wirth und Hipp 2000)

2 Konzept auf Basis des CRISP-DM-Vorgehensmodells

2.1 Geschäftsbezugsanalyse

In der ersten Phase des CRISP-DM-Vorgehensmodells werden die Ziele des Projekts aus geschäftlicher Sicht definiert, um Klarheit und realistische Erwartungen über das Gesamtprojekt bei allen Mitwirkenden und Betroffenen zu erzielen.

2.1.1 Definition gewünschter Projektergebnisse – Ziele, Projektplan und KPIs

In diesem Kapitel werden Ziele, Projektplan und KPIs zum Projekt "IT-Dienstleister" im Detail beschrieben und praxisorientiert auf Maßnahmen eingegangen, die im Umfeld einer solchen Analyse und Projektdurchführung in einem Unternehmen beachtet werden müssen.

2.1.1.1 Ziele

Aus Sicht des IT-Unternehmens gibt es folgende drei übergeordnete Hauptziele des Gesamtprojekts (Ann. des Verfassers):

a) Rasch Management-Informationen und Analysen zu den internen und/oder externen Ursachen und Gründen erhalten, die im letzten Jahr zu starken Umsatzeinbußen führten.

b) Entscheidungsgrundlagen und Empfehlungen für das Management aufbereiten, deren Umsetzung einen raschen Turnaround und zukünftiges Wachstum unterstützen.

c) Tools und interne Maßnahmen im Unternehmen auf allen Ebenen etablieren, die kontinuierlich Zugang zu relevanten Geschäftsdaten und Markinformationen ermöglichen und damit als Krisenpräventions- und Steuerungsinstrument sowie zum Marketing-Support eingesetzt werden können.

2.1.1.2 Projektplan

In der Aufgabenstellung der Universität wurde die Verfeinerung des CRISP-DM Vorgehensmodells als eine der Anforderungen für diese Projektarbeit genannt. Da die aktive Kommunikation mit Management- und MitarbeiterInnen-Ebenen zum CRISP-DM-Projekterfolg maßgeblich ist (Rennolls und AL-Shawabkeh 2008) und das dies auch den Praxiserfahrungen des Verfassers entspricht, wird im folgenden CRISP-DM-Projektplan auf die notwendigen, begleitenden Kommunikationsmaßnahmen besonders eingegangen. Ergänzend zu den unter Kapitel 1.2. beschriebenen Hauptarbeitsbereichen nach dem CRISP-DM Vorgehensmodell sieht der Verfasser im Zusammenhang mit der Aufgabenstellung "IT-Dienstleister" in diesem Zusammenhang folgende individualisierten Schritte und Maßnahmen als Teil des Projektplanes vor:

- Information aller MitarbeiterInnen über den aktuellen, kritischen Stand der Geschäftsentwicklung und des daraus resultierenden, dringlichen Bedarfes nach Maßnahmen, um rasch einen Turnaround einleiten zu können. (vgl. Kotter 2015)
- Informationen aller MitarbeiterInnen über das Aufsetzen eines Data Science-Projektes unter Einbindung externer ExpertInnen.
- Detailinformation, Einladung und Beauftragung der jeweiligen Bereichs- und TeamleiterInnen (vor allem Sales, Kundenbetreuung, Hardware- & Software-Support, Marketing & Kommunikation) zur Mitwirkung am Projekt und zur Unterstützung der externen BeraterInnen.
- Erarbeitung und Vereinbarung der KPIs des Projekts zwischen Auftraggeberin und AuftragnehmerInnen.

- Information aller Management-Ebenen und MitarbeiterInnen über die zukünftig angestrebten Projekt- und Geschäftsziele sowie über die diesbezüglich zur Erfolgsmessung festgelegten KPIs. Erläuterung dazu, in welchen Bereichen die MitarbeiterInnen konkret zur KPI-Zielerreichung beitragen können und sollen, mit folgenden Schwerpunkten:
    - Ausbau bestehender Kunden
    - Reaktivierung "schlafender" bzw. Rückgewinnung verlorener Kunden
    - Neukundengewinnung
    - Trend- und Marktbeobachtung
    - Interne und externe Kommunikation
    - Datensammlung, wiederkehrende Inputs zum Data Science-Projekt
    - Allgemeine Verbesserungsvorschläge zu den Geschäftsprozessen (KVP) und Alarmfunktion.

- Meetings des CRISP-DM-Projektteams mit MitarbeiterInnen der Geschäftsbereiche Sales, Kundenbetreuung, Hardware- & Software-Support, Marketing & Kommunikation zur darauffolgenden Bewertung und Verschriftlichung der aktuellen Situation (inkl. Ressourceninventar, Anforderungen, Annahmen, Einschränkungen, Terminologie, Kosten und Nutzen).

- Beschreibung der Data Science-Ziele (und Möglichkeiten) des Unternehmens (Geschäftserfolgskriterien, Data Science-Erfolgskriterien).

- Erstellung des Projektplans, Beschreibung des Ressourcenbedarfs, der benötigten Daten und Informationen, den dbzgl. Zuständigkeiten und Abhängigkeiten – inkl. deren unternehmensinterner Kommunikation – sowie Festlegung einer ersten Auswahl von Werkzeugen, Methoden und Techniken.

- Datenexploration inkl. Beschreibung der Grundcharakteristiken der Daten (Datenbasisbericht), der statistischen Charakteristiken der Daten und der Datenqualität.

- Datenvorbereitung, inklusive Bereinigung, Auswahl und Rekonstruktion der tatsächlich relevanten Daten, Integration von Daten aus anderen Quellen (z. B. PC-/IT-Marktanalysen, Mitbewerberanalysen, Trend- und Industrie-Reports, Medienberichte).

- Modellierung, inklusive Auswahl der Modellierungstechnik, Dokumentation Modellierungsannahmen, Erstellung eines Testplanes und Tests für das zukünftige Data Science-Monitoring-Tool, Erstellung und Bewertung des Datenmodells.

- Evaluierung, inkl. Überprüfung, ob das Projekt auf Basis des CRIPS-DM-Vorgehensmodells geeignet ist, die genannten Unternehmensziele und KPIs zu erreichen. Festlegung der nächsten Schritte vor der allgemeinen Bereitstellung im Unternehmen.

- Bereitstellung, inkl. Events zur Ergebnispräsentation auf allen Management- und MitarbeiterInnen-Ebenen

- Einschulungen zum Data Science- und Monitoring-Tool.

- Abschlussbericht und Bewertung der Projektdurchführung.

2.1.1.3 KPIs

Für diese Projektarbeit wird mit folgenden KPI-Annahmen zur Messung des Projekterfolges gearbeitet. Diese wurden vom Verfasser auf Basis eigener Praxiserfahrungen festgelegt:

- Turnaround noch im laufenden Geschäftsjahr mit positivem Geschäftsergebnis.

- Umsatzplus zwischen 5% und 10% im Folgejahr.

- Einrichtung eines Management-Dashboards zum Monitoring des laufenden Geschäfts sowie für Geschäftsprognosen und Produkt-/Service-Entwicklungen – auf Basis von internen und externen Daten (Kombination von Business Intelligence und Data Science).

2.1.2 Bewertung der aktuellen Situation

Nachdem die Projektziele festgelegt und im Unternehmen auf allen Ebenen kommuniziert wurden (z. B. Team-Meeting, MA-Versammlung, Intranet, MA-Mailings) ist die systematische Bewertung der aktuellen Situation des Unternehmens – vor der Einleitung von konkreten Data Science-Umsetzungsmaßnahmen – von großer Bedeutung.

In einem Unternehmen aus der IT-Handel und -Dienstleistungsbereich, in dem angenommen werden kann, dass viele MitarbeiterInnen selbst ExpertInnen im Umgang mit Daten sind, oder sich selbst als solche einschätzen, ist bereits beim Projektstart und der internen Ressourcenerhebung für das Data Mining-Projekt mit dementsprechender Sensibilität vorzugehen. Die erstmalige Durchführung eines CRISP-DM-Projekts in einem Unternehmen, ist in diesem Zusammenhang ähnlich wie ein Change Management-Projekt zu bewerten und sollte daher aus Sicht des Verfassers, um die Spezifika eines solchen ergänzt werden.

2.1.2.1 Ressourceninventar

Es gilt daher in der gesamten Geschäftsbezugsanalyse und bereits bei der Erstellung des soge-
nannten **Ressourceninventars**, die im Haus selbst vorhandene Daten-Expertise und die bestehenden Personal-Ressourcen bestmöglich für das Projekt zu nutzen, aber ebenso eine stringente
Projektleitung und rasche Umsetzung nach dem CRISP-DM-Modell – mit stets den KPIs im Visier
– sicherzustellen. Unter Beachtung dieser Grundsätze wird nun Folgendes erhoben:

- Welches Personal steht für das Projekt im IT-Dienstleistungsunternehmen selbst zur Verfü-
  gung; einzubindende Geschäftsbereiche, Abteilungen.
- Überprüfung, ob trotz in-house Expertise, externe Unterstützung zur Projektumsetzung not-
  wendig bzw. sinnvoll ist (z. B. um Kerngeschäft, Kundensupport nicht zu belasten)
- Abfrage und Inventarisierung der im Unternehmen bereits vorhandenen Daten, darunter im
  Fall "IT-Dienstleistungsunternehmen" im Speziellen:
  - Umsatzdaten, inkl. Geschäftsbereichsanalysen
  - Kundendaten (z. B. Kundenfrequenz, Kundentypen und deren Umsätze)
  - New Business-Pipeline und Produkt- und Service-Nachfragen
  - Kundenzufriedenheit, Beschwerdemanagement, Retention-Management
  - Bestellsystem, Logistik- und Lagerhaltungsdaten, Ausschuss, Defekte, Schwund
  - Beschaffungs- und Reparaturfrequenzen (Ersatzteilbedarf)
  - Marketing-Daten aus Kampagnen, Promotions, Newsletter u. Website-Nutzung, E-
    Commerce
  - Mitbewerber-Kampagnen und Aktionen.

Als nächsten Schritt zur Bewertung der aktuellen Situation, werden die unter Kapitel 2.1.1.1. genannten **Anforderungen** an das Projekt im Detail beschrieben und mit der Realität vor Ort abge-
glichen. Der **Zeitplan** bis zur geplanten Fertigstellung wird erstellt und in Fall "lokales IT-Dienstleistungsunternehmen" vom Verfasser mit 3,5 Monaten ab Beauftragung angenommen (Details
im Kapitel 2.1.4. Erstellung Projektplan).

Weiters wird vorab eine Listenaufstellung mit impliziten **Annahmen** erstellt, die darauf eingeht,
wovon vor dem eigentlichen Projektstart als verfügbar ausgegangen wird (Art und Qualität der

verfügbaren Daten, Arbeitsumfeld, Infrastruktur u. dgl.). Der eigentliche Projektumfang (z. B. be-
züglich Arbeitsaufwand, bearbeiteter Datenumfang) wird klar definiert.

Notwendige **Einschränkungen** werden für Auftraggeber, Auftragnehmer und alle MitarbeiterInnen vorab schriftlich festgehalten und aktiv kommuniziert, um Erwartungen zu erfüllen und zu
verhindern, dass Sonderwünsche während des laufenden Projekts, den Projektzeitplan gefähr-
den oder als Aufwands- bzw. Kostentreiber fungieren.

2.1.2.2 Risiken und Eventualitäten

Auch auf die **Risiken und Eventualitäten** wird bereits in dieser Projektphase explizit eingegangen
und dazu ein eigenes Analyse-Dokument erstellt. Dieses wird im Hinblick auf das eher lokal tätige
IT-Dienstleistungsunternehmen etwa darauf hinweisen, dass Data Mining-Projekte, speziell unter Einbindung von externen Markt-Daten und Branchenkennzahlen, nur in Ausnahmefällen zu
lokal beschränkten Gegebenheiten oder Problemursachen aussagekräftige Informationen oder
Lösungsansätze liefern. So könnte etwa der Umsatz des ausschließlich für Privatkunden und eher
lokal tätigen IT-Dienstleistungsunternehmen von einer banalen Umgestaltung der Verkehrswege
in unmittelbarer Nähe des Unternehmens weitaus mehr betroffen sein (z. B. Zufahrt, Be- und
Entladen nur mehr erschwert möglich) als von internationalen Consumer- oder Branchentrends.
Auch das Ausscheiden von Schlüsselpersonal (z. B. GF-Mitglieder, Key Account Manager, Sales)
kann rasch negativ umsatzwirksam werden (Kundenabwanderung, Kundenmitnahme), ohne dass
dies mittels Data Mining vorab erkennbar oder prognostizierbar wäre.

Ein weiteres Projektrisiko könnte sein, dass nur geringer Datenbestand in schlechter Qualität im
Unternehmen selbst vorhanden ist. Der erhöhte interne Aufwand zur Datenvorbereitung und zur
weiteren Datenbeschaffung könnte Personalressourcen binden, die dann an anderer Stelle im
Unternehmen fehlen. Dies könnte sich vorübergehend negativ auf Produktivität und Kundensupport auswirken und muss in Zeiten von ohnehin sinkenden Umsätzen in der Projektplanung ausdrücklich bedacht werden. Es gilt jedenfalls Kollateralschäden zu vermeiden, indem der Einsatz
von internen und externen (Personal-)Ressourcen – und die Entscheidung, auf welche man prä-
feriert und zu welchem Zeitpunkt zurückgreift – vorab in der Projekt-, Budget und **Notfallspla-
nung** integriert wird.

Als Anhang zur Projektbeschreibung für alle Projekt- und Unternehmens-MitarbeiterInnen wird
ein **Glossar**-Dokument erstellt, das sowohl für die externen ProjektmitarbeiterInnen auf

unternehmensinterne Fachbegriffe (**Geschäftsterminologie**) als auch auf die spezifische **Data Science-Terminologie** eingeht.

Außerdem wird der EU-Datenschutzgrundverordnung (DSGVO) und dem österreichischen Daten- schutzgesetzt (2021) entsprechend schriftlich festgehalten, welche personenbezogenen Daten wie verarbeitet und gespeichert werden, wer darauf unter welchen Sicherheitsvorkehrungen Zu- griff hat und wie lange diese Daten gespeichert werden.

Eine **Kosten-Nutzen-Darstellung** (Cost-Benefit-Analysis) wird erstellt, in der die zu erwartenden Kosten und der potenzielle Nutzen für den Auftraggeber gegenübergestellt werden. Im aktuellen Fall des fiktiven IT-Dienstleistungsunternehmens wird vom Verfasser davon ausgegangen, dass sich alle Erstaufwände des Datamining-Projekts bereits mit dem angestrebten, kurzfristigen Turnaround – aber spätestens am Ende des Folgejahres mit der geplanten Umsatzsteigerung zwi- schen 5% und 10% – komplett amortisieren werden. Die zu erwartenden laufenden Kosten, kön- nen zwar zum aktuellen Projektzeitpunkt noch nicht definiert werden, sollten jedoch in die wei- tere Projektplanung und deren Grundsatzentscheidungen (z. B. Auswahl Software-Tools) einflie- ßen.

2.1.3 Beschreibung des Ziels von Data Science

Während die mit dem Projekt verbundenen **Geschäftsziele** (Turnaround, Umsatzsteigerung 5% und 10% im Folgejahr) bereits unter Kapitel 2.1.1.3 KPIs angeführt sind, werden nun an dieser Stelle die spezifischen Ziele und Erfolgskriterien aus **Data Science-Perspektive** im Detail ange- führt. Aus dem KPI *"Einrichtung eines Management-Dashboards zum Monitoring des laufenden Geschäfts sowie für zukünftige Geschäftsprognosen und Produkt-/Service-Entwicklungen - auf Basis von internen und externen Daten und Kennzahlen (Business Intelligence und Data Science)"* werden folgende **Data Science-Ziele** abgeleitet:

1) Erhebung und Aufbereitung der eigenen, unternehmensinternen Daten (Business Intelli- gence, **interne Quellen**) mit dem Ziel, diese im Rahmen des Data Science-Projektes mit Daten aus **externen Quellen** gemeinsam verarbeiten und vergleichen zu können. Zur Ab- leitung von Prognosen und Empfehlungen zur weiteren Geschäftsentwicklung sind dies insbesondere folgende Daten:
   - Umsatz pro Kunde, inkl. Clusterung in Kategorien bzw. internem Rating (groß, mittel, klein, profitabel, weniger profitabel)

- Wiederkäufer-Quote und Zeitraum (Ersatzbeschaffung, Zusatzbeschaffung und in welchem Zeitabstand)
- Produktkategorien – PCs, Tablets, Mobile, Peripherie-Geräte und Zubehör, Verkaufsverhältnis und Umsatzvergleich Standard-Produkt zu individuelle Konfigurierung und Software-Käufe
- Umsätze mit Zusatzdienstleistungen, die nicht zum Kerngeschäft zählen
- Verhältnis erstellte Kostenvoranschläge/Angebote zu tatsächlichen Geschäftsabschlüssen (New Business Pipeline zur mittelfristigen Umsatzprognose)
- Zeitraum/Dauer Erstkontakt bis Geschäftsabschluss
- Anzahl Beschwerden und Reklamationen im Verhältnis zu Transaktionen
- (Neu-)Kundenanfragen, die nicht erfüllt werden konnten (Nachgefragtes nicht im Produkt- oder Dienstleistungsangebot bzw. nicht lieferbar)
- Daten aus Web- und Online-Shop-Analyse (Suchbegriffe der meistnachgefragten Produkte und Dienstleistungen, Warenkorbanalysen, Abbrüche u. dgl.)

2) Folgende **externe Daten** sollen im Rahmen des Projekts zusätzlich explorativ erhoben, in das Data Mining-Projekt integriert werden und mit den unternehmensinternen Daten verglichen werden, um Abweichungen, Produkt- und Dienstleistungs-Potenziale sowie ideale Zeiträume für spezielle Marketing-Aktivitäten feststellen zu können:

- Durchschnittliche Lebens- bzw. Nutzungsdauer von PCs, Laptops, Tablets, Peripherie (z.B. externe Festplatten) bei Privatkunden vor Neuanschaffung.
- Veränderung der Frequenz (länger / kürzer als in der Vergangenheit).
- Daten nach Produkten segmentierbar und nach Alter, Geschlecht, Hauptnutzung Office/Gaming
- Zur Trenderhebung und zur Verknüpfung dieser Ergebnisdaten mit der bestehenden Kundendatei, um ehemalige Kunden zum idealen Zeitpunkt wieder ansprechen und reaktivieren zu können.)
- Marktsegmentierung in Prozent und nach Umsatzgrößen
- PCs, Laptop, Tablets, Handys
- Trends / Verschiebungen
- Zum Vergleich mit dem eigenen Produktsortiment und zur Planung zukünftiger Aktionen

- Absatz-Zyklus im Jahreskreis
- Zeitlich indizierte Nachfrage und Absatzspitzen in welchen Monaten zu welchen Produkten
- Welche sind die stärkste Monate und Quartale?
- Zur frühzeitigen Planung von Marketing-Aktivitäten
- Für Umsatzprognosen (z. B: vor/nach Weihnachten? Schul-/Universitäts-Start?).
- Feststellung Korrelation PC-Neuanschaffungen
- Vor/nach Präsentationen / Ankündigungen der großen Hersteller
- Zur Planung von allgemeinen Marketing-Aktivitäten sowie direkter Kundenansprache
- Preisvergleich-Dashboard mit wichtigsten Mitbewerbern auf Basis der meistangefragten Produkte (Website-Besuche, Warenkorb, direkte KV-Anfragen)

2.1.3.1 Kundenzufriedenheits- und Marketing-Daten

In Zusammenhang mit der Datenerhebung wird dem IT-Dienstleistungsunternehmen jedenfalls – so noch nicht vorhanden – die jährliche Durchführung einer strukturierten **Kundenzufriedenheitsumfrage** empfohlen, in der auch allgemeine Erwartungshaltungen an einen IT-Dienstleister sowie zukünftig geplante IT-Investitionen abgefragt werden.

Weiters kann diese Umfrage mit einer Gap-Analyse kombiniert werden, um Daten dazu zu erheben, in welchen Bereichen aktive und ehemalige Kunden – auch im Vergleich zu Mitbewerbern – Verbesserungspotenziale sehen. Die daraus zu gewinnenden, ergänzenden Daten und Informationen sind bei regelmäßiger Wiederholung der Umfrage nicht nur für das Data Science-Projekt von großer Relevanz, sondern bieten auch sofortige Anknüpfungspunkte für Service-Verbesserungen und Marketing-Aktivitäten bieten, die den angestrebten, schnellen Turnaround unterstützen könnten.

2.1.4 Erstellung des Projektplanes

Bei der Erstellung des Projektplans wird auf alle Schritte im Detail eingegangen, die zur Erreichung und Umsetzung der bisher beschriebenen Ziele aus Data Science-Sicht notwendig sind. In Ergänzung zu den bereits unter 2.1.1.2 Projektplan beschriebenen allgemeinen Projekt-Modulen, wird an dieser Stelle zusätzlich darauf eingegangen, welche Zeitdauer und Ressourcen (Personal,

Infrastruktur, Software) für die einzelnen Data Science-Projektschritte (inkl. Modellierung, Wiederholung, Evaluierung) einzuplanen sind und welche Werkzeuge und Techniken zum Einsatz kommen könnten. Hierbei wird im Falle des zu behandelnden "IT-Dienstleistungsunternehmens" speziell darauf Rücksicht genommen,

- welche Software-Plattformen im Unternehmen bereits im Einsatz sind,
- welche Schnittstellen zu anderen Software-Anwendungen möglich/vorhanden sind, oder kostengünstig und schnell hergestellt werden können und
- welche Qualifikationen des Personals in-house verfügbar sind, um das Projekt zu unterstützen bzw. in Zukunft im laufenden Betrieb zu betreuen und zu warten.

Auch die unter Kapitel 2.1.2 Bewertung der aktuellen Situation beschriebenen Risiken, werden nach Eintrittswahrscheinlichkeit und potenziellem Schaden kategorisiert und auf dieser Basis in die Projektplanung miteinbezogen.

Beispielhafter Aufbau des Projektplanes:

Phase	Zeit / 2021	Ressourcen	Risiken
Geschäftsverständnis	KW 2	Management, Abteilungsleiter, Rechnungswesen, Marketing, Datenbank- und Serverzugänge, Data Mining-Berater	Rascher Wandel in der Branche, Mitwirkung und Motivation der MitarbeiterInnen
Datenverständnis	KW 3 bis 5	IT-Abteilung - Datenbankspezialist, Data Mining-Berater, Datenbank- und Serverzugänge, ev. externe Recherchepartner	Datenprobleme, Technologieprobleme
Datenvorbereitung	KW 6 bis 10	Data Mining-Berater, Datenbankanalyst, Datenbank- und Serverzugänge,	Datenprobleme, Technologieprobleme
Modellierung	KW 11 bis 13	Data Mining-Berater, teilweise Datenbankanalyst, Datenbank- und Serverzugänge,	Datenprobleme, Technologieprobleme, Probleme ein geeignetes Modell zur Zielerreichung zu finden
Evaluierung	KW 14	Data Mining-Berater, teilweise Abteilungsleiter, Rechnungswesen, Marketing, Datenbank- und Serverzugänge,	Rascher Wandel im Geschäftsbetrieb, unterschiedliche Ergebnisinterpretation (Management, MA, BeraterInnen)
Bereitstellung	Ab KW 15	Data Mining-Berater, teilweise Datenbankanalyst, Datenbank- und Serverzugänge	Unvermögen, das Ergebnis umzusetzen, Rückfall in alte Bewertungsschemata, subjektiv hoher Betreuungsaufwand, technische Ausfallsrisiken

Abbildung 2 / Tabelle: Aufbau des Projektplanes für das IT-Dienstleistungsunternehmen nach (IBM Corporation 2012)

Zum Abschluss dieser Phase erfolgt gemeinsam mit dem Auftraggeber die Auswahl, der zur Projektumsetzung eingesetzten bzw. noch anzuschaffenden Software-Tools, wodurch die konkret zum Einsatz kommenden Data Science-Methoden endgültig definiert werden.

Um eine bestmögliche Akzeptanz die Softwarelösung bei den In-House-IT-ExpertInnen sicherzustellen, werden diese in die Präsentation der unterschiedlichen, zur Auswahl stehenden Software-Lösungen (z. B. MS Excel, IBM SPSS, R, Filemaker, Pipeliner oder Kombinationen daraus) und in die Entscheidung bestmöglich – jedoch immer mit Fokus Zielerreichung – miteingebunden.

2.2 Datenexploration

In der zweiten Phase nach dem CRISP-DM-Vorgehensmodell werden erste Analysen durchgeführt und die Qualität, der inzwischen intern und extern erhobenen Daten überprüft. Es wird dazu ein Bericht erstellt, der dokumentiert, woher die Daten bezogen wurden, welche Probleme dabei aufgetreten sind und wie diese gelöst werden konnten.

Im konkreten Falls des IT-Dienstleistungsunternehmens wird davon ausgegangen, dass die **interne Datenbasis** zur Erreichung der Data Science-Ziele, wie im Kapitel 2.1.3. beschrieben, weitestgehend in guter Qualität im Unternehmen vorhanden ist. Daten aus Kundendatenbanken, Bestell- und Warenwirtschaftssystemen und Fallbearbeitungssystemen der Support-Abteilung sollten für das Projekt in Tools wie etwas IBM SPSS direkt importierbar und verwertbar sein, während in anderen Bereichen gesonderte Datenanalysen durchgeführt und die Ergebnisse vorher kategorisiert werden müssen (z. B. Daten aus Beschwerden, Mailboxen, Social Media).

Im Zuge der Datenexploration wird außerdem qualitativ in die Bewertung miteinbezogen, wie und wo diese internen Daten im Arbeitsalltag des IT-Dienstleistungsunternehmen erhoben, kontrolliert und gepflegt wurden, über welchen Zeitraum rückblickend auf Daten zugegriffen werden kann und welche, in der sich besonders schnell wandelnden PC-Branche, tatsächlich für Prognosen geeignet sind.

Weiters wird an dieser Stelle aufgrund der Problemstellung "Umsatzrückgang, wir wissen aber nicht warum" evaluiert werden, warum eigentlich im Unternehmen verfügbare Daten, nicht bereits in der Vergangenheit aussagekräftige Informationen zu Umsatzentwicklungen und eventuellen Problembereichen lieferten. Hierin könnte ein wesentliche Ansatz für das Erkennen und die Lösung der bestehenden betrieblichen (Management-)Probleme liegen.

Ähnliche qualitative Bewertungskriterien kommen in der Exploration der verfügbaren **externen Daten** zur Anwendung. In Falle der externen Daten wird allerdings davon ausgegangen, dass ein großer Teil davon nicht in datenbank-strukturierter Form vorliegen wird, da diese Daten im Falles des mittelständischen IT-Dienstleistungsunternehmens (Ann.: aus Budgetgründen) großteils aus öffentlich verfügbaren Quellen (Studien, Branchenreports, Marktanalysen, Online-Recherchen, Werbung und Marketing von Mitbewerbern) recherchiert werden.

Aus diesen Gründen ist es umso wichtiger, dass nach der teilweise manuellen Datenaufbereitung, die **Grundcharakteristik der Daten** beschrieben wird und alle **Quellen und Datentypen** in einem **Datenbasisbericht** aufgelistet werden. Dieser Datenbasisbericht geht bereits auf Details, wie Anzahl der Datensätze und die möglichen Skalen- und Wertebereiche ein. An dieser Stelle wird ebenfalls – und in der Folge laufend – überprüft, ob die bislang erfassten Daten den Anforderungen zur Zielerreichung entsprechen.

In weiterer Folge werden die **statistischen Charakteristiken** der Daten beschrieben und in einem **Datenexplorationsbericht** zusammengefasst. Für das fiktive IT-Dienstleistungsunternehmen werden in diesem Zusammenhang die unter Kapitel 2.1.3. beschriebenen Datengruppen analysiert, um nach Auswertungen von Werten, wie Median, Durchschnitt, Häufigkeitsverteilungen, statistische Charakteristiken und Korrelationen festzustellen und diese danach im Datenexplorationsbericht zu beschreiben. Ziel ist es grundsätzlich mittels dieser statistischen Charakteristiken festzustellen, ob es Ursachen/Auslöser oder nachweisbare Korrelationen, etwa zwischen bestimmten

- Umfeld- und Marktbedingungen
- Kaufdatum, Jahreszeiten
- Nutzungsarten (Spiele, Home-Office, beides)
- Kunden-, Produkt- oder Dienstleistungs-Gruppen
- Produktankündigungen von Herstellern
- Aktionen von Mitbewerbern

gibt, die den Umsatz des IT-Unternehmens in der Vergangenheit beeinflusst haben, oder in der Zukunft positiv oder negativ beeinflussen könnten.

So wird für das IT-Dienstleistungsunternehmen festgestellt werden, in welchen zeitlichen und produktspezifischen Zusammenhängen, Marketing- bzw. Retention-Maßnahmen zur Wiedergewinnung- bzw. Reaktivierung von ehemaligen Kunden effektiv und effizient sein könnten.

Ein weiterer konkreter **Marketing-Anwendungsbereich** sind die Entwicklung von Austauschprogrammen für Gaming-PCs für bestimmte Kundengruppen, im Zusammenhang mit neuen (angekündigten), hardware-intensiven Blockbuster-Spielen, die zu einem planbaren Zeitpunkt auf den Markt kommen. Analog dazu können spezielle Angebote an Home-Office-Kunden entwickelt werden, wenn durch die Daten- und Marktanalyse kommende Software- oder Systemupdates von Standardanbietern früher absehbar werden. Dies könnte etwa frühzeitige bzw. maßgeschneiderte Angebote für einen Hardware-Austausch oder Upgrades für die Kunden des IT-Dienstleistungsanbieters beinhalten.

Für die erwähnte **Überprüfung der Datenqualität** und in der **Erstellung eines Datenqualitätsberichtes** werden zumindest folgende Punkte durchgeführt und dokumentiert:

- Leere Datenfelder
- Tippfehler
- Messfehler
- Einstellungs- und Codierungsfehler in der Datenbank
- Datenzuordnung zu einzelnen Datenfelder
- Missverständnisse beim Erheben
- Plausibilitätschecks

Für das IT-Dienstleistungsunternehmen wird dabei speziell berücksichtigt, dass alle Daten aus unterschiedlichen Abteilungen (Verkauf, Service, Support, Reparaturen, Marketing, Rechnungswesen) den gleichen Qualitätsstandards entsprechen und auch die gleichen Erhebungszeiträume abdecken. Weiters wird an dieser Stelle im Projekt, den Empfehlungen des IBM SPSS CRISP-DM Handbuches folgend (2012) folgend, überprüft, ob...

- es (wiederkehrende Inkonsistenzen in den Datenfeldern gibt, die für spätere Prozesse automatisiert korrigiert bzw. angepasst werden können (z.B. unterschiedliche Schreibweisen, Übersetzungen)

- es unerwartete Auffälligkeiten und Korrelationen gibt, die genauer überprüft werden sollten
- zur Reduzierung der Komplexität Daten ausgeschlossen werden können, da sie offensichtlich keinen Beitrag zur Zielerreichung leisten.

2.3 Datenvorbereitung

Die Ergebnisse der Datenexploration und des Datenqualitätsberichts leiten direkt in den Bereich Datenvorbereitung über und sind die Grundlage für eine erfolgreiche **Datenbereinigung**.

2.3.1 Bereinigung der Daten

Im **Datenbereinigungsbericht** wird für das IT-Dienstleistungsunternehmen darauf eingegangen und dokumentiert, auf welche Art Inkonsistenzen und Auffälligkeiten bereinigt wurden, welche Daten nicht verwertet werden konnten und ausgeschlossen wurden – und aus welchen Quellen diese stammten. In der konkreten Aufgabenstellung könnte es sich dabei um folgende Thematiken handeln (Ann. des Verfassers):

- Fehlende Daten, etwa aus nicht vollständig ausgefüllten Bestellungen und Kundenfragebögen
- Datenfehler, zum Beispiel aus individuellen Website-Eingaben oder aus der manuellen Bewertung von Reklamationen (E-Mails, Postings)
- Doppelte Einträge in Kundendatenbanken
- Messfehler, zum Beispiel durch schlecht formulierte Fragestellungen in Umfragen

2.3.2 Rekonstruktion fehlender erforderlicher Daten

Als Ergebnis des Datenbereinigungsberichtes herrscht auch Klarheit darüber, welche erforderlichen Daten eventuell rekonstruiert werden müssen. Diese Rekonstruierung wird durch das **Ableiten von anderen Attributen** der unvollständigen Daten (aus anderen Spalten oder individuellen Merkmalen), oder durch **Generierung neuer Datensätze** erreicht.

2.3.3 Integration von Daten aus anderen Quellen

In dieser Phase werden die Daten aus den unterschiedlichen internen Quellen und Datenbanken des IT-Dienstleisters mit jenen **Daten zusammengeführt**, die aus externen Datenquellen stammen. Beim aktuellen Projekt wird vom Verfasser davon ausgegangen, dass etwa durch das

Hinzufügen von Attributen bei Kunden- oder Ereignisdaten eindeutige Identifizierungen und Auswertungen möglich sein werden. Im Einzelhandel sind das bei internen Daten sehr häufig die Zusammenführung von unterschiedlichen Kundenkontakt-, Kaufinformationen und Webprotokollinformationen unter einer eindeutigen Kunden-ID (vgl. IBM Corporation 2012, S. 25-26).

Im aktuellen Fall werden zusätzlich parallel jene Daten aufbereitet und integriert, die aus externen Marktanalysen und eigenen Recherchen und Mitbewerberbeobachtungen stammen (Daten aus öffentlichen Marktaktivitäten, wie Arte der Produktschwerpunkte, Preise, Start- und Laufzeiten der Aktionen, kategorisierbare Zusatzangebote). Nach Abschluss der **Zusammenführung der Daten** wird überprüft, ob diese durch **Aggregation von Daten** in ihrer Gesamtstruktur vereinfacht werden können. Die erfolgt im Fall des fiktiven IT-Dienstleistungsunternehmens etwa durch die Zusammenlegung von Datensätzen von verschiedenen Kundentransaktionen zu Gesamtkunden-Datensätzen, von Einzelprodukten zu Produktkategorien oder von Daten einzelner Hardware- und Software-Hersteller zu Herstellergruppen.

Generelles Ziel über das gesamte Projekt hinweg ist es, nur jene Daten zu erheben und zu verarbeiten, die zur Erreichung der CRISP-DM-Ziele und der allgemeinen Geschäftsziele tatsächlich notwendig und hilfreich sind, da eine Reduzierung der Komplexität auch zu geringeren Fehlerquoten und zu geringeren Kosten führt.

2.4 Modellierung

Die Modellierungsphase wird in mehreren Schritten durchgeführt und führt dazu, dass eine konkrete Entscheidung zur **Auswahl der Modellierungstechnik** getroffen werden kann. Es wird dabei festgelegt, welche Feldtypen (z. B. kategorial, numerisch) in welchen Datensätzen zur Anwendung kommen und welche Datentypen und Knoten im Projekt angelegt werden.

Im Fall des IT-Dienstleistungsunternehmen bedeutet dies etwas, dass Zusammenhänge modelliert werden und Entscheidungen daraus abgeleitet werden, welche allgemeinen Marktdaten mit welchen Kunden- und Unternehmensdaten bei Auswertungen und Vergleichen in Relation gesetzt werden. Konkret könnte ein Modell durch entsprechende Datenverknüpfung u. a. die Auswirkungen von eigenen und fremden Marketing- und Werbeaktionen auf Produkt- und Angebotsnachfragen darstellen und damit in Zukunft Nachfrage und Absatzprognosen ermöglichen, die dem Unternehmen bislang nicht möglich waren.

Eine schriftliche **Dokumentation der Modellierungsannahmen,** inklusive der Entscheidungs-grundlagen für ein bestimmtes Modell, wird erstellt.

Bevor das Datenmodell tatsächlich erstellt bzw. in der Software und Datenbank programmiert wird, werden getrennte Test-, Trainings und Validierungsdatensätze erstellt, die dazu dienen, die Qualität und Gültigkeit der Modelle zu überprüfen. In einem **Testplan bzw. Test-Design** wird be-schrieben, wie diese Tests durchgeführt werden und wie die Datensätze konkret unterteilt, oder Parameter angepasst werden können.

Bei der **Erstellung des Datenmodells** werden die zuvor geprüften Testmodelle nun tatsächlich mit Echtdaten zusammengeführt und die Ergebnisse jener Parameter, die zu den besten und aus-sagekräftigsten Ergebnissen geführt haben, zu **Parametereinstellungen** für die spätere Praxis zu-sammengefasst. Eine genaue **Prüfung des generierten Datenmodells** und der Ergebnisse auf Plausibilität wird durchgeführt, um festzustellen, ob...

- tatsächlich für die Geschäftspraxis des IT-Dienstleistungsunternehmens sinnvolle Schluss-folgerungen aus dem Modell gezogen werden können, wie dies in den Zielen definiert ist.
- neue Erkenntnisse gewonnen werden können, oder nur gewöhnliche Muster bestätigt bzw. aufgedeckt werden (z. B. ältere Kunden kaufen weniger Gaming-PCs, jüngere Kun-den erneuern ihr IT-Equipment öfter, vor Weihnachten werden viele Tablets verkauft).
- es bei der Ausführung der Modelle technische Probleme und Inkonsistenzen gab.
- die Verarbeitungszeit mit der im IT-Unternehmen vorhandenen technischen Ausstattung angemessen und den MitarbeiterInnen zumutbar ist.

(vgl. IBM Corporation 2012, S. 33)

Bei der nun folgenden **Bewertung des Datenmodells** bzw. der verschiedenen Datenmodelle wer-den neben den Data Science-Experten auch Business-Analysten und Fachexperten aus dem Un-ternehmen selbst beigezogen (Produkt- und Service-Entwicklung und in diesem Fall besonders relevant aus Customer Care, Marketing und Kommunikation), um gemeinsam zu überprüfen, ob die Ergebnisse in der Praxis des IT-Dienstleistungsunternehmens tatsächlich nützlich und an-wendbar sind. Dies führt meist zu einer **Überarbeitung der Parametereinstellungen** bzw. zu de-ren Feinjustierung in mehreren Testläufen, die allesamt dokumentiert werden.

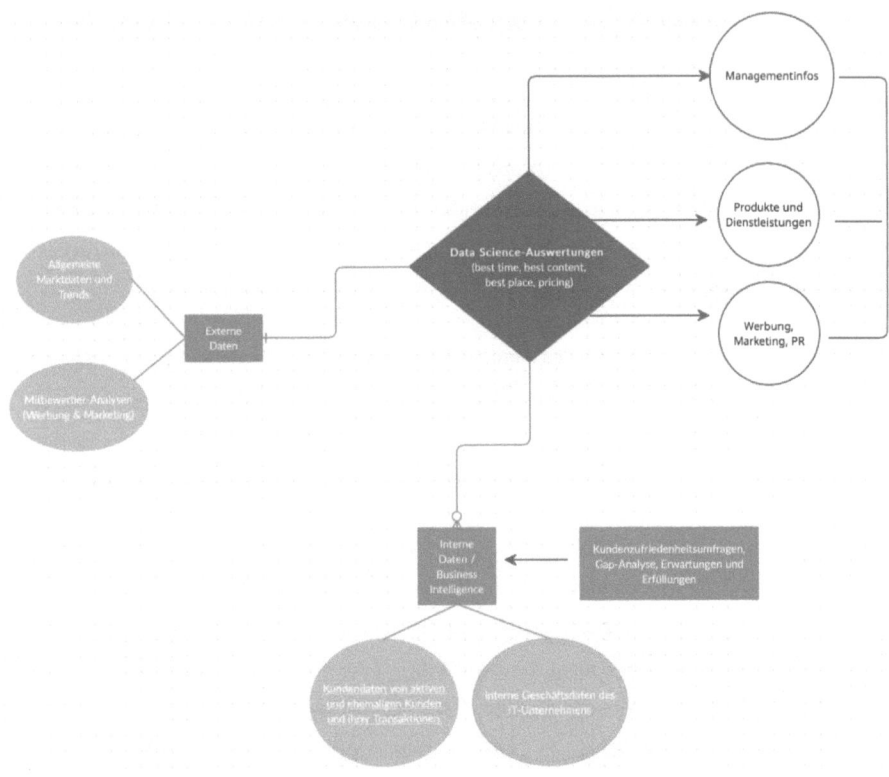

Abbildung 3: Darstellung der Daten-Streams im beschriebenen CRISP-DM-Projekt, Quelle: Eig. Erstellung / Gangoly

2.5 Evaluierung

Wenn die Ergebnisse aus der Modellbildung signifikant und relevant zur Zielerreichung erscheinen, wird vor der endgültigen Bereitstellung der Daten eine genaue Evaluation durchgeführt. Als Bewertungsbasis gelten hier erneut, die Erreichbarkeit der unter Kapitel 2.1.1. beschriebenen Ziele und KPIs. Dadurch wird sichergestellt, dass jedenfalls geschäftlicher Nutzen aus dem Projekt gezogen werden kann. Diesbezüglich werden sowohl die **Data Science-Ergebnisse** bewertet und evaluiert als auch die angewandten **Methoden** und **Modelle**.

In der Evaluierungsphase und dem Evaluierungsbericht wir auch darauf eingegangen, welche zusätzlichen Erkenntnisse sich im Rahmen des CRISP-DM-Projekt für die externen Berater und Projektbetreuer ergeben haben, die von Relevanz für den zukünftigen Geschäftserfolg des IT-

Dienstleistungsunternehmens sein könnten, aber eventuell nicht direkt in der Datenbasis und den Modellen abgebildet werden.

Es wird daher empfohlen, die Hauptentscheidungsträger des IT-Dienstleistungsunternehmens in die **Evaluierung des Gesamtprozesses** einzubinden, um einerseits sicherzustellen, dass es zu keinem "stranded Know-how" kommt und um gemeinsam die **Festlegung der nächsten Schritte** in Richtung Bereitstellung beschließen zu können. Als Entscheidungsgrundlage wird eine Liste mit den möglichen nächsten Schritten erstellt, die jeweils bewertet werten. Daraus wird vom CRISP-DM-Projektteam ein konkreter Vorschlag abgeleitet und dem Management präsentiert.

2.6 Bereitstellung

Wie im Kapitel 2.1.1.2 Projektplan angeführt, treten an dieser Stelle aus der Sicht des Verfassers, zusätzlich zu den technischen Vorbereitungsarbeiten und den Standardmaßnahmen des CRISP-DM-Vorgehensmodells, kommunikative Begleitmaßnahmen im Unternehmen wieder besonders in den Vordergrund (z. B. Ergebnis-Präsentationen für alle MitarbeiterInnen, individuelle Anwendungsschulungen, Projektabschluss-Feier). Diese Maßnahmen werden als Ergänzung zum Standard des CRISP-DM-Vorgehensmodells ausdrücklich vom Verfasser empfohlen.

Die sorgfältige Planung und Umsetzung begleitender Kommunikationsmaßnahmen ist während des gesamten Projekts, jedoch speziell an dieser Stelle, vor der Bereitstellung angezeigt, um zusätzlich zur technischen und inhaltlichen Funktionalität, auch eine breite Akzeptanz der Ergebnisse auf allen MitarbeiterInnen-Ebenen im Unternehmen sicherzustellen. Solche internen Marketing- und PR-Maßnahmen für das Data Science-Projekt können den Projekterfolg, die nachhaltige, praktische Anwendung sowie die laufende Pflege der Datenbasis maßgeblich unterstützen (vgl. Rennolls und AL-Shawabkeh 2008). Daher sollte aus Sicht des Verfassers, der Kommunikation und dem aktiven Change Management deutlich mehr Raum und Bedeutung zugemessen werden, als dies etwa beim standardisierten CRISP-DM-Vorgehensmodell und anderen IT-Projekten zumeist der Fall ist (vgl. Kotter 2015, S. 6).

Eine konkrete Roll-out-Strategie wird an dieser Stelle festgelegt. Dabei wird, wie bei den erwähnten Kommunikationsmaßnahmen, auf die bestehende Unternehmenskultur Rücksicht genommen und, falls vorhanden, auf etablierte interne Prozesse und Vorgehensweisen zurückgegriffen, um größtmögliche Effizienz und Akzeptanz sicherzustellen.

2.6.1 Überwachung und Kontrolle der Bereitstellung

Um sicherzustellen, dass die Erkenntnisse aus dem Projekt tatsächlich und richtig im Unternehmen zur Anwendung kommen, wird eine laufende diesbezügliche Kontrolle im Tagesgeschäft empfohlen. Dazu wird ein Plan erstellt, der beschreibt, wie die Daten bereitgestellt und in der Praxis verwenden werden sollen und wie Abweichungen davon vermieden oder festgestellt werden können.

2.6.2 Erstellung eines Abschlussberichts

Am Ende des CRISP-DM-Projekts wird ein umfassender Projektbericht erstellt, in dem der Projektablauf – auf Basis des CRISP-DM-Vorgehensmodells und der bereits erstellten Teilberichte – zusammengefasst wird und worin spezifische Erfahrungen des Projektteams sowie die Data Science-Ergebnisse präsentiert werden.

2.6.3 Bewertung der Projektdurchführung

In der Bewertung der Projektdurchführung werden die persönlichen Erfahrungen der ProjektleiterInnen zusammengefasst und Gespräche und Interviews mit allen direkt am Projekt beteiligten Personen durchgeführt, um folgende Fragestellungen zu beantworten:

- Was waren die allgemeinen Eindrücke rund um das Projekt?
- Was wurde persönlich während des Prozesses gelernt – bezgl. Data Mining im Allgemeinen und den laufenden Geschäftsprozess?
- Welche Phasen des Projektes sind gut gelaufen und welche nicht?
- Wo gab es besondere Herausforderungen oder Probleme?
- Welche Informationen oder Inputs hätten den Prozess erleichtern können?
- Wie können das Unternehmen, seine MitarbeiterInnen und seine KundInnen vom Projekt profitieren?

2.7 Rolle des Marketings und der Kommunikation

Die Aufgabenstellung, auf die Rolle von Marketing und Kommunikation im Projekt im Detail einzugehen und darzustellen, welche Daten für diesen Geschäftsbereich benötigt werden bzw. aus ihm geliefert werden können, wurde im gesamten Konzept, direkt an den im Projektablauf notwendigen Stellen eingegangen.

LITERATURVERZEICHNIS

Datenschutzgesetz (2021): *Datenschutzgesetz, BGBl. I Nr. 165/1999,*.

IBM Corporation (2012): IBM SPSS Modeler CRISP-DM-Handbuch,.

Kotter, John P. (2015): *Leading change: wie Sie Ihr Unternehmen in acht Schritten erfolgreich ver-ändern*, München: Vahlen.

Luber, Stefan; Litzel, Nico (2019): Was ist CRISP-DM?, [online] https://www.bigdata-insi-der.de/was-ist-crisp-dm-a-815478/.

Rennolls, Keith; AL-Shawabkeh, Abdallah; E. Vityaev und K. Rennolls (Hrsg.) (2008): Formal structures for data mining, knowledge discovery and communication in a knowledge management environment, in: *Intelligent Data Analysis*, Jg. 12, Nr. 2, S. 147–163, doi: 10.3233/IDA-2008-12202.

Wirth, Rüdiger; Hipp, Jochen (2000): CRISP-DM: Towards a Standard Process Model for Data Mining,.

5. Jänner 2021

BEI GRIN MACHT SICH IHR WISSEN BEZAHLT

- Wir veröffentlichen Ihre Hausarbeit, Bachelor- und Masterarbeit

- Ihr eigenes eBook und Buch - weltweit in allen wichtigen Shops

- Verdienen Sie an jedem Verkauf

Jetzt bei www.GRIN.com hochladen und kostenlos publizieren